LE DUC
D'ORLÉANS

ET

LES ÉMIGRÉS FRANÇAIS

EN SICILE,

OU

LES ITALIENS JUSTIFIÉS;

PAR

Michel Palmieri de Micciché,

PROSCRIT ITALIEN.

AUTEUR DES PENSÉES ET SOUVENIRS.

A PARIS,

CHEZ DELAUNAY ET DENTU, LIBRAIRES,

AU PALAIS-ROYAL.

1831.

LE
DUC D'ORLÉANS

ET

LES ÉMIGRÉS FRANÇAIS

EN SICILE,

OU

LES ITALIENS JUSTIFIÉS.

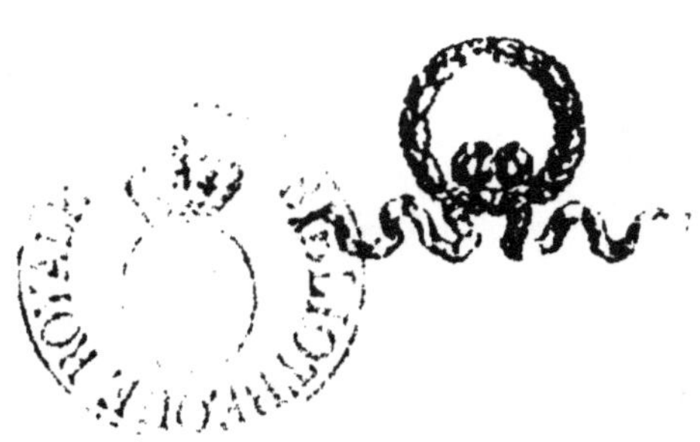

A PARIS,

CHEZ DELAUNAY ET DENTU, LIBRAIRES,

AU PALAIS-ROYAL.

1831.

AVERTISSEMENT.

—————

C'est immédiatement après la catastrophe italienne que ce petit ouvrage a été écrit; les journaux l'ont annoncé depuis long-temps, et depuis long-temps aussi il aurait dû paraître. Des incidens imprévus, qui ne sont d'aucune importance pour le public, en ont retardé l'impression, mais ce retard est un échec à son succès. La cause italienne commence déjà à se refroidir dans le cœur des Français, qui sont, comme le dit Machiavel, oublieux de leur nature: les absens ont d'ailleurs tort; à plus forte raison les morts, et l'Italie est du nombre. Malgré l'ajournement dont nous venons de parler

1.

(circonstance dont il faut se souvenir en lisant), et tel qu'il a été écrit, nous livrons cet Opuscule au public ; il y trouvera peut-être des faits intéressans dont il est bon de tenir note.

LE DUC D'ORLÉANS

ET

LES ÉMIGRÉS FRANÇAIS

EN SICILE.

« Serait-il vrai, comme les républicains le préten-
dent, qu'il y aurait incompatibilité entre la France,
telle qu'elle est aujourd'hui, et Louis-Philippe d'Orléans, roi des Français?

« Bourbon lui-même, disent-ils, beau-frère du roi
des Deux-Siciles (1) et du roi de Piémont, neveu de
l'empereur d'Autriche, deux ou trois fois parent de le
roi d'Espagne, etc., n'est-il pas à craindre qu'il ne
sacrifie, aux liens du sang et aux rapports de famille, les
intérêts positifs de la France, relativement à l'étendue
de ses frontières et à ses traités de commerce ou autres,
aussi bien que ceux d'un intérêt moins personnel, mais
d'un ordre supérieur pour une grande nation, comme
la protection accordée aux faibles et aux voisins, l'influence salutaire, et pour ainsi dire ordonnatrice,
qu'elle doit exercer sur des gouvernemens oppresseurs,
bigots et despotiques? etc., etc. »

(*Excursions politiques dans les* PENSÉES ET SOUVENIRS.)

Attaquer les faibles et les malheureux, tomber sur eux
à coups redoublés, lorsque, riches, chez vous, entourés des
vôtres, vous donnez asile à ces mêmes malheureux, qui
sont, par là, dans la cruelle position de s'entendre insul-
ter, sans oser élever la voix pour vous répondre que vous
les calomniez, qu'ils ont fait pour vous mille fois plus que

(1) Ceci a été écrit du vivant du roi François Ier des Deux-Siciles,
qui vient de mourir.

vous ne faites et que vous ne ferez jamais pour eux ; c'est là une manière d'agir que la délicatesse et la générosité désavouent également. Mais si vous, qui les outragez, vous avez employé la ruse et la perfidie pour attirer sur leur tête les maux qui les accablent, la mort qui les moissonne, les mots et les expressions sont alors insuffisans pour exprimer toute l'horreur que doit inspirer une pareille conduite ; l'honneur et la religion en sont profondément blessés. Il arrive pourtant quelquefois, la défense individuelle étant un droit de la nature, qu'il se trouve dans le nombre des malheureux calomniés un homme courageux, qui, révolté de l'indignité du langage qu'il entend, connaissant les faits, et ne tenant aucun compte des dangers qui peuvent résulter pour lui en se prenant corps à corps soit avec le maître de la maison, soit avec ceux de ses imprudens serviteurs qui le provoquent, ose mettre au grand jour ces mêmes faits, et tenir un langage bien autrement énergique que celui des agresseurs, puisque ce n'est pas sur des insultes vagues, bien que calculées, mais sur la vérité, qu'il s'appuie.

Nous ne nous arrêterons qu'un instant aux imputations qu'on nous adresse particulièrement. «J'ai manqué, dit-on, de reconnaissance envers le duc d'Orléans (le roi actuel des Français), qui a été si *généreux* pour moi à Bruxelles (1), en ne réfutant pas, dans mes Excursions politiques, les paroles des républicains de l'épigraphe. » C'est exprès pour faire connaître la nature de l'acte d'accusation que je les ai placées là. D'autres personnes, en cachant au fond la même pensée, me disent simplement : «Vous avez trop mis de politique dans votre ouvrage. » Nous ne nous arrêterons pas, disons-nous, ni à ces imputations, ni à d'autres bruits répandus à dessein ou innocemment contre nous. Le public ne saurait s'intéresser à ce

(1) Ce prince m'a fait remettre 500 francs à Bruxelles, dans une occasion dont il est rendu compte dans les *Pensées et Souvenirs*, 1er volume, chapitre XIX.

qui est personnel ; et les faits d'ailleurs que nous produirons, dans le cours de cet opuscule, montreront, mieux que nous ne saurions le faire, si nous n'avons pas sagement agi en gardant le plus profond silence sur les paroles citées des républicains ; si les accusations d'ingratitude, de notre part, envers le prince français, sont bien ou mal fondées. Nous ne nous occuperons ici que des inculpations qu'on fait peser sur nous simultanément avec nos compatriotes : celles-là valent bien la peine d'être discutées et repoussées, si nous le pouvons.

La plus sérieuse et peut-être la plus injuste de ces inculpations est celle du manque de courage. « Les Italiens, disent nos adversaires, ne savent pas se battre ; ils ne sont pas mûrs pour la liberté » : dicton banal, destiné, depuis long-temps, à couvrir toutes les ignominies politiques et diplomatiques. Cette inculpation n'est pas la seule. D'autres personnes reprochent à des malheureux proscrits, qui ont tout perdu, fortune, patrie, existence honorable, de pauvres petits secours (45 francs par mois) que, bien malgré eux, ils sont obligés de solliciter du Gouvernement français (1) ; et en attendant, un noble Pair, qui n'ignore pas que, sur mille réfugiés en France, il y en a au moins neuf cent quatre-vingt-dix-neuf de proscrits politiques, en nous prenant en masse avec les émigrés des autres pays, nous traite de gens sans aveu, de scélérats, que sais-je ? courant à l'étranger pour sauver notre tête criminelle de la hache du bourreau, à laquelle elle était destinée (2). — Est-ce un regret que le noble Pair exprime ici ? Lui paraîtrait-il qu'il n'y a pas assez de têtes tranchées dans les pays qui environnent la France ; pas assez de sang répandu sous l'égide *protectrice* du Gouvernement français, que lui et

(1) Personnellement, nous n'avons jamais voulu apposer notre nom dans la liste des solliciteurs, et nous n'avons voulu rien accepter du Gouvernement français. Ceux qui liront cet opuscule en comprendront aisément la raison.

(2) M. le duc de Broglie, dans son discours du 1ᵉʳ mars, à propos

les siens dirigent depuis dix mois?—Oui, c'est vrai; nous tâchons de sauver nos têtes de la hache du bourreau; mais cette hache est la même que celle qui exécuta Cirille et Pagano; et nos têtes tomberaient pour la même cause pour laquelle furent tranchées celles de ces illustres malheureux et de milliers d'autres, dont le sang généreux arrose depuis long-temps le sol européen, qui, naguère esclave, pousse maintenant ces arbres de liberté que vous tâchez d'extirper et d'abattre.—Vains efforts! Plus vous en déracinerez, plus il en croîtra; les têtes des libéraux que vous livrez à la hache sanguinaire se reproduiront à l'infini, et bientôt cette liberté et ses courageux enfans vous déborderont; vous en serez accablés, anéantis; vous disparaîtrez devant eux comme le brouillard à l'apparition du soleil.

Renonçons à ce langage emphatique et virulent, et n'imitons pas ces acteurs qui, en prodiguant outre mesure les moyens destinés à produire de l'effet, se pâment six fois dans une pièce, tombent évanouis quatre ou cinq, et finissent par se rendre ridicules, et parfois insupportables. —J'étais ému, je l'avoue: j'avais devant les yeux le cadavre de ma pauvre patrie baignée dans son sang; je croyais entendre les cris des victimes expirantes, mes amis, mes compatriotes, qui dînaient joyeusement et remplis d'espoir avec moi, il n'y a pas deux mois. Comment comprimer la douleur qu'excitent de semblables idées! Comment maîtriser les émotions produites par des objets pareils! Soyons calmes pour le moment. — C'est ici un procès où nous allons plaider pour les Italiens, nos frères, qui se portent partie civile contre ceux qui les calomnient. La nation française, ou le monde entier, si l'on veut, sera notre juge à tous; les faits que nous citerons nous tiendront lieu de dossier,

de la formation de la légion étrangère, ne se sert pas précisément des expressions que nous citons; mais en disant : « Et ce seront de tels hommes que vous appellerez à composer cette légion! » il laisse toute la latitude d'interpréter ces mots de la manière que nous le faisons.

de témoins, de procès-verbal ; et si, en avançant dans la défense, nous sommes assez heureux pour découvrir les coupables, dans l'impuissance d'appeler sur eux la sévérité des lois, nous tâcherons au moins de les stigmatiser comme ils le méritent. C'est un plaidoyer, disons-nous ; et dans ce cas, les élans oratoires, les phrases sententieuses, jusqu'aux invectives, doivent nous être permis : quelle cause mérita mieux d'exciter la sympathie ! quelle cause fut plus digne de l'indulgence de l'auditoire !

Voici les faits que nous avons promis ; leur simple exposition suffira, et au-delà, non seulement pour que nous repoussions avec avantage les accusations dirigées contre nous, mais pour réduire au silence nos adversaires, peut-être aussi pour les confondre.

Entrons en matière ; et, pour les personnes qui n'auraient pas lu notre premier ouvrage, rapprochons-en quelques chapitres, faisons quelques extraits des *Pensées et Souvenirs*; ils nous fourniront amplement de quoi résoudre quelques unes des questions que nous voulons examiner. D'autres faits serviront à compléter cet examen.

C'était un ancien usage de notre vieux parlement (1) de doter, à leur mariage, les filles de nos rois ; usage auquel la vétusté et la constante exécution avaient donné force de loi. On leur donnait 100,000 onces (1,250,000 fr.), et jamais, que je sache, pendant le cours de six siècles, on n'avait fait en faveur d'aucune princesse exception à cette règle ou à cette loi. En 1812, et trois ans environ après le mariage de monseigneur le duc d'Orléans avec notre prin-

(1) La Sicile a eu des institutions de deux sortes et de deux époques. Les premières datent du temps de Roger, six siècles et demi environ : ce s et celles que je désigne sous le nom de vieux parlement : les autres lui furent données en 1812, sous l'influence de l'Angleterre, et par les soins du prince de Vintimille. A cette dernière époque, le roi Ferdinand abandonna le timon des affaires, créa régent du royaume le prince héréditaire, et alla se retirer à la campagne. Maintenant la Sicile n'a plus ni ses anciennes ni ses dernières institutions on lui a tout arraché.

cesse donna Maria-Amalia, le parti qui demandait d'autres garanties, et une Charte plus en harmonie avec les besoins du siècle, résistant avec avantage à la cour de Sicile, qui refusait de les accorder, après une lutte acharnée et des évènemens qu'il serait trop long de relater ici; ce parti, dis-je, finit par l'emporter; la Sicile fut enfin reconstituée, elle put enfin jouir de ses nouvelles institutions. Ce parti était effectivement le plus fort, tant à cause de la protection de la Grande-Bretagne, que par les hommes d'un vrai mérite qui étaient à sa tête. Monseigneur le duc d'Orléans vint l'étayer aussi de sa considération personnelle : il embrassa chaudement, alors, la cause constitutionnelle, donna pleinement dans le libéralisme sicilien, fut l'ami du prince de Vintimille et de lord William Bentinck, qui en étaient les plus vigoureux soutiens, brava en cette occasion le courroux de ses augustes parens : on agita même, dans le conseil de ceux-ci, la question de le faire arrêter.

Que ce fût pour complaire aux sollicitations du prince français, ce qui est le plus probable, ou pour tout autre motif que j'ignore, ce même parti, eu égard au dénuement complet de ressources de l'illustre émigré à cette époque, voulut tenter de lui faire obtenir une dotation qui pût suffire au maintien de son rang et à celui de la princesse qu'il venait d'épouser, et essaya cette fois, en faveur des nouveaux mariés, d'enfreindre l'ancienne loi dont je viens de parler : cet essai fut couronné d'un plein succès. On accorda aux augustes personnages cinq fois la valeur qu'on avait donnée jusque là aux autres princesses, 500,000 onces à 5 pour 100 à peu près; bref, 24,000 onces par an; ce qui équivaut à 500,000 fr. de revenu (1).

La victoire pourtant n'était rien moins que certaine, et la lutte devait être et fut rude effectivement; à la chambre des communes surtout, où la motion ne passa qu'à la majorité de quatre ou cinq voix : mais on fit jouer des res-

(1) Voyez la note a la fin.

sorts, on gagna les plus faciles, on en persuada d'autres, et la place fut emportée d'emblée. Mon père, dans la chambre haute, mon frère aîné, deux de mes cousins-germains, dont l'un du même nom que moi, dans celle des députés, signèrent en faveur de la motion (1).

Ce ne fut pas encore la seule preuve de dévouement que nous donnâmes alors au prince français : des désagrémens sérieux, résultat de ce service rendu, devaient en rehausser le prix.

Comme il arrive presque toujours dans ces occasions, le parti vaincu se vengeait en quolibets et en amers sarcasmes de la victoire que nous, et plus encore que nous, monseigneur le duc d'Orléans, venions de remporter. Ils prétendaient, bien à tort sans doute, « que nous étions les dupes d'un libéralisme de circonstance ; que ce prince ne se souciait pas plus de la Charte sicilienne que de celle de la Chine, que ce n'était que dans le but d'obtenir la dotation des 300,000 fr. de revenu, qu'il avait joué le dévouement au parti qui seul pouvait réaliser ses vues intéressées, et qu'il était impossible qu'un Bourbon aimât sincèrement la liberté et les Chartes, etc., etc. » Contens d'avoir triomphé, nous les laissions *cantare*, comme on dit en Sicile : mais, malheureusement, un événement grave, que je suis encore à m'expliquer, nous fit perdre contenance, donna du corps aux sarcasmes de nos adversaires, qui, tout irrités de la défaite récente qu'ils venaient d'éprouver, tombèrent alors sur nous sans ménagement.

Nous étions en 1815 (2) ; les désastres de la grande armée française venaient d'avoir lieu, nous ne les ignorions pas. Le cabinet anglais commençait à se relâcher, et à changer de politique à l'égard de la Sicile. Nous touchions

(1) Cela pourrait sembler une affectation de répéter ici ce que nous avons dit dans les *Pensées et Souvenirs* ; mais qu'on fasse attention qu'on nous attaque, et qu'il faut nous défendre.

(2) J'ai mis 1814 dans les *Pensées et Souvenirs* ; le général *** m'a convaincu que je me suis trompé d'une année.

presque au triste résultat de notre drame politique ; et la cour sicilienne, qui pressentit le changement qui allait avoir lieu, aidée par son parti et ses courtisans, se décida à en hâter le dénouement, et à faire reprendre au roi le timon des affaires

Je ne me souviens que vaguement d'une émeute populaire préparée par la reine Marie-Caroline, pour faire réussir ce projet ; projet dans lequel il ne s'agissait de rien moins que d'assassiner la garnison anglaise qui était à Palerme ; mais je me rappelle très bien que le ministre anglais, averti à temps, sut prévenir et déjouer le coup, et que monseigneur le duc d'Orléans était parfaitement au fait de ce qui se passait. Il s'agissait aussi de la destruction entière du parti constitutionnel : que ce projet eût réussi, et c'en était fait sans ressource des partisans de la Charte. Marie-Caroline était encore là, et l'on sait qu'elle n'y allait pas de main morte dans ces sortes d'affaires.

Chose singulière ! Au moment où ces évènemens se passaient, soit par excès de prudence, soit à cause de cette malheureuse fatalité qui commençait à poursuivre les libéraux, monseigneur le duc d'Orléans prétexta le désir de visiter les îles Éoliennes, s'embarqua avec son auguste famille sur un bâtiment anglais, et ne reparut dans la capitale de la Sicile que lorsque tout était fini.

C'est ici, disais-je, que nos adversaires tombèrent sur nous avec tout le poids que les faits donnaient à leurs invectives ; ils disaient même tout haut, je répète leurs impertinentes paroles à regret, que le prince s'était tenu simplement au large, et qu'il n'avait pas été plus question d'aborder aux îles Éoliennes qu'à celles de la lune.—Cette subite disparition nous atterra.

C'est effectivement un triste nom que celui de Bourbon, et si j'étais le roi des Français, lui qui, certes, n'a aucun des défauts de sa race, je demanderais à mon parlement la permission de m'appeler autrement : ce serait la conséquence rigoureuse de l'effaçure des lis dans les armoiries de la branche d'Orléans.

Faut-il, après le duc d'Orléans, parler de l'immense quantité d'émigrés français que nous avions chez nous avant et à cette même époque? Faut-il rappeler les immenses sacrifices que le pauvre petit royaume des Deux-Siciles s'imposait en leur faveur? Ce serait à n'en point finir, et peut-être on n'en croirait pas les détails. La seule maison de Talleyrand touchait de la cour une pension de six mille ducats (27,000 fr.), et les trois fils, dont deux avec le grade de major, étaient employés dans l'armée : les de Damas, les de La Tour, les de Préville, les Saint-Clair, les d'Arcambal, etc., etc., etc. : on faisait à tout cela de grosses pensions; on leur donnait, par-dessus le marché, des grades éminens dans l'armée de terre et de mer, et de grandes charges à la cour. Bref, ce n'était pas un mauvais métier que celui d'émigré français chez nous; car il suffisait de l'être pour en retirer à pleines mains l'argent et les honneurs. Je n'aurais qu'une seule exception à citer à ce fait général, mais je ne nommerai *personne* : je craindrais de blesser la modestie de la famille qui en a fourni l'exemple. Le comte César de Chastellux servait en qualité de lieutenant-colonel de cavalerie, et réunissait à cette place celle de sous-chef d'état-major.

Faut-il encore, après cela, parler des émigrés en sous-ordre qui, ne figurant pas à la cour, ne recevaient d'elle que de faibles subventions? Je ne saurais me souvenir d'une seule grande maison à Palerme qui ne leur donnât des pensions plus ou moins fortes : je pourrais fournir de bons renseignemens là-dessus au besoin. Bref encore, nous ne forcions pas ces braves gens à entrer dans une légion étrangère, en les menaçant de les chasser ou de leur faire perdre leurs appointemens; nous ne les contraignions pas d'aller s'établir dans telle ou telle autre ville du royaume, sous peine de mourir de faim; nous leur donnions de l'argent, beaucoup d'argent, et nous nous gardions bien de leur dire des sottises. Que l'on me cite à Paris, en France, une seule maison qui donne ainsi des subventions mensuelles à un seul émigré italien (1).

Et c'est en présence de faits pareils à ceux que nous venons d'énumérer, qu'on a le courage de reprocher, à de malheureux proscrits, de misérables subventions qu'on a l'air de leur accorder comme un grand bienfait de la grandeur et de la générosité de ce grand et généreux Gouvernement français !

Étrange et cruelle position des libéraux ! lorsque ce sont leurs adversaires qui ont le dessous, ils s'en vont chez les despotes qui les couvrent de richesses et d'honneurs; lorsque ce sont eux qui succombent, ils se réfugient dans les pays dits libres; là, on leur jette quelques sous par terre, afin qu'ils s'abaissent pour les ramasser; on les abreuve d'humiliations et de dégoûts : une partie des habitans de ces pays trouve que c'est bien ; une autre se récrie sur l'énormité des sacrifices qu'on fait continuellement en leur faveur; tout le monde regarde d'un œil sec, et quelques lignes de commisération dans les journaux libéraux sont toute l'indemnité que reçoivent ces malheureux pour ce qu'ils ont perdu, pour la vie qu'ils ont exposée vingt fois ! Allez à Marseille, voyez quelle immensité d'infortunés on y débarque. On les traque en Italie comme des bêtes féroces; ils se sauvent en France, fuyant la fusillade des prêtres et les assassinats juridiques du duc de Modène et de l'Autriche. Regardez dans quel état ils sont; demandez-leur s'ils ont seulement du pain, et si on leur en donne. Tout cela est pourtant fort simple. — C'est que dans les royaumes despotiques règnent des rois absolus qui, conséquens avec leurs principes, agissent rondement en faveur de ceux qui embrassent ces principes; et que, d'un

____

(1) Les autres parties de l'Italie en agirent tout aussi généreusement avec les émigrés français tant qu'elles ne furent pas occupées par les armées françaises : je ne parle plus particulièrement du royaume des Deux-Siciles, que parce que j'en connais mieux les faits.

autre côté, les pays dits libres ne sont représentés le plus souvent que par des hommes qui grimacent la liberté, et qui détestent du fond de leur cœur la liberté et ses partisans. Une autre observation est bonne à faire ici. Lorsque ce sont ces despotes qui triomphent, ils égorgent sans pitié autant de patriotes qu'il leur en tombe entre les mains; lorsque ce sont ceux-ci qui ont le dessus, on leur prêche la générosité et la magnanimité; ils y croient, sont généreux et magnanimes, et ne s'en portent pas mieux (cela soit dit en passant). C'est encore tout simple. Ceux-ci sont jeunes et purs, leur cause est bonne, et cette bonté même les rend, non-seulement généreux, mais parfois trop négligens pour en assurer le succès; les autres sont vieux et vicieux. Par la première de ces mauvaises qualités, ils tiennent aux us et coutumes que leur ont légués leurs devanciers tout aussi vieux qu'eux: *la mort pour les coupables de lèse-majesté.* Par la seconde, ils ne marchandent pas les moyens pour soutenir la mauvaise cause qu'ils sentent leur échapper d'entre les mains; les plus honteux, les plus inhumains, tout leur est bon; ils la prolongent au moins, ils la font durer; et l'on sait que rien ne rend plus méchant qu'une mauvaise cause à défendre. Je sais bien que les partisans de l'absolutisme ou du juste milieu vont répondre à la seconde partie de cette observation, en me citant l'exemple de la terreur; mais je n'appelle pas du nom de patriotes les égorgeurs de cette sanglante époque; ils étaient aux vrais libéraux ce qu'est le duc de Modène à... un bon prince : je n'en ai pas sous la main pour en désigner quelqu'un.

Revenons aux faits que nous avons rapportés plus haut. Il en résulte que le roi des Français est actuellement pensionné par l'Italie.

Je dis pensionné, car le surplus des cent mille onces, quatre cent mille conséquemment, ne fut accordé au duc d'Orléans, à cette époque-là, qu'à cause de son manque absolu de moyens. La rente de ces quatre cent mille onces aurait dû cesser d'être payée dès le moment que le duc d'Orléans rentra dans la possession de ses millions; à plus forte raison elle aurait dû revenir à la Sicile, aussitôt que le Roi des Français a commencé à percevoir ceux de la liste civile. Je dis aussi, *pensionné par l'Italie*, au lieu de dire par la Sicile, car celle-ci fait d'abord partie de la première; ensuite, parce qu'il serait peut-être trop pénible pour les Français de savoir que leur Roi contribue à épuiser cette pauvre petite île, qui a de la peine à se tenir debout, sans lois, sans commerce, sans justice; pays où tout le monde est ruiné, et possédant, au lieu de ses institutions jurées par ses princes, à la face de monseigneur le duc d'Orléans, une misère épouvantable, des moines à foison, et le despotisme le plus révoltant.

En attendant, la rente est toujours payée, la Sicile est plus esclave que jamais, et quant à l'Italie, on l'égorge (1).

Nous avons été au reste plus affecté que surpris de la catastrophe italienne. Nous avions tout prévu dans nos Excursions politiques, et quelques journaux libéraux ont poussé la complaisance jusqu'à dire que nous étions doué d'un esprit prophétique.

Ni l'article du *Journal des Débats*, du 1er mars (2), ni les assurances remplies de *franchise* et *d'abandon* du gouvernement français, données à nos malheureux compa-

(1) Nous connaissons d'autres traits bien remarquables sur la reconnaissance des princes; mais nous nous réservons à les divulguer dans un cas éventuel, ou bien ils feront le sujet d'une autre brochure.

(2) Le voici cet article :

« Des secours ont été demandés au gouvernement autrichien par les souverains dépossédés de plusieurs états de l'Italie. On parle de traités de réversibilité, de stipulations, de contingens, qui obligeraient la cour de Vienne à se prêter à ces *exigences,* et il est hors de doute qu'un mouvement de troupes est commencé dans le royaume lombardo-vénitien vers les frontières de Modène, de Parme et de la Romagne.

« Ici encore il n'y a pas deux partis à prendre pour le gouvernement français. La présence d'un seul régiment autrichien sur le territoire

triotes (assurances dont nous parlerons plus loin avec plus
d'étendue), n'ont jamais fait changer notre manière de
voir là-dessus, ni notre langage envers eux. Que l'on
lise à la page 279 du 2ᵉ volume des *Pensées et Souvenirs*
ce que nous disions à nos amis il y a six mois. Les évènemens se sont accomplis, et n'ont que trop réalisé nos
prophéties ou nos prévisions. Nous avions observé l'allure du gouvernement français, et nous l'avions jugé.

Une seule d' ces prévisions ne s'est pas encore réalisée:
la guerre : et cela par hasard, par un cas fortuit, par un
de ces évènemens que personne n'aurait su deviner, dont
homme au monde n'aurait pu prévoir le résultat; par un
de ces phénomènes, enfin, qu'il faut placer dans la caté-
gorie des décrets du Très-Haut, qui détruit les calculs
humains, et qu'il faut admirer et se taire. Une poignée
de héros conçoit l'audacieux projet de résister au plus
grand des empires; elle a la hardiesse de l'exécuter, réussit au-delà de ses espérances, et fait crouler pièce à pièce
cet immense colosse, qui naguère se permettait d'improu-
ver hautement et impunément la conduite du nouveau chef
de 33 millions d'habitans. — Français, couvrez Paris et
la France de monumens élevés aux Polonais; sans eux, sans
leur courage brillant, inoui, les alliés seraient à cette
heure-ci chez vous; la France aurait été morcelée, et

d'une de ces puissances est une violation flagrante du principe de la
non-intervention ; la France ne peut y consentir.

« C'est ici plus qu'une question d'équilibre ou de prépondérance ;
c'est l'avenir tout entier de notre révolution.

« Songeons qu'elle ne vit en Europe que du maintien du principe
qu'elle a proclamé la première, et que les autres puissances ont proclamé après elle. Elle n'a pas cherché sa force dans l'accroissement
de territoire, elle l'a trouvée dans le respect pour l'indépendance des
autres nations.

« Une seule atteinte portée à ce respect, et la France s'expose à perdre
l'estime et la confiance de l'Europe*. »

____

* C'est ce qui est arrivé effectivement. (*Note de l'auteur.*)

l'Europe esclave avec elle. « Non, dit-on, la France se
serait levée en masse, elle aurait détruit tous ses ennemis. » Je n'en crois rien : il y a trop de biens, trop de richesses, trop de partis, trop de divisions; il y aurait eu
trop de réactions dans son sein pour que cela fût; et le
même principe égoïste qui rend une grande partie de la
France impassible spectatrice des victimes que son gouvernement envoie égorger à ses portes, l'aurait empêchée
de se livrer à cet élan sublime, essentiellement nécessaire
dans une circonstance aussi terrible que celle d'une invasion générale. Ce n'est que dans les pays pauvres et despotiques, où la misère réunit tous les intérêts, où le mal-
aise et les souffrances sont générales, que tout un peuple
se lève comme un seul homme, car c'est le courage du
désespoir qu'il faut dans des cas pareils. Et puis la France
s'est-elle levée en masse en 1814 et en 1815? « Oh! c'est
différent, » répondent les hommes du juste milieu; « elle
était alors fatiguée du joug de fer de Napoléon. » Je veux
l'admettre, mais en admettant en même temps qu'elle
ne soit pas aujourd'hui excédée du gouvernement (1) le
plus faux et le plus faible qu'elle ait peut-être jamais pos-
sédé; il s'agissait à cette époque-là aussi de l'invasion
étrangère; et la France devait comprendre (ce n'était pas
bien difficile) qu'en se soulevant pour détruire ses ennemis, après avoir réussi, il lui aurait été bien facile de se
défaire de l'homme qui la fatiguait tant, selon vous; et,
dans tous les cas, il fallait qu'elle s'ébranlât en 1815, soit
pour chasser les étrangers qu'elle devait avoir appris à connaître, soit, trois mois plus tôt, pour repousser l'homme
qu'elle ne pouvait plus souffrir, à votre avis. — Elle ne bou-
gea pas alors, elle ne bougera pas davantage à présent, car

(1) Qu'est-ce que le gouvernement dans un pays constitutionnel?
C'est un mot qui embrasse trop de monde pour désigner personne.
Dans ce sens, le prince, les ministres, les chambres, les tribunaux,
les préfets, les maires, etc., etc., sont compris dans ce mot. C'est une
espèce de bouc émissaire qu'on charge des péchés de tout le monde.

elle est plus à son aise, et conséquemment plus égoïste.

« La France se lèvera comme un seul homme ! » beau dicton, vieil héritage de 89, où il n'y a plus désormais un mot de vérité.

Les passions et les intérêts personnels d'une masse d'individus de tous les partis, compromis et froissés, voilà ce qu'il faudrait pour réexciter l'élan d'une nation assoupie au sein des jouissances. Ces passions, ces intérêts sont en partie satisfaits : ces causes là d'ailleurs n'agissent qu'à la longue, et l'invasion étrangère n'est pas du nombre ; elle serait même une bonne fortune pour quelques-uns de ces partis. Oui, la France a été forte et puissante, après le mois de juillet, plus qu'elle ne l'a jamais été, plus que les autres empires ensemble ; mais ce moment est passé ; elle était électrisée alors : l'est-elle encore aujourd'hui ?

A l'ambition près, il aurait fallu un Napoléon pour bien apprécier les avantages de cette situation , pour en tirer habilement parti ; et l'éternité qui les sépare, ne suffit pas pour rendre la distance qui passe entre ce sublime génie et les pauvres sires d'aujourd'hui. — De son côté, conception hardie, exécution rapide et vigoureuse, foudre dans l'action, et, quand il le fallait, des moyens immenses employés pour réussir. Du côté de ceux-ci, bassesse, timidité honteuse, des souvenirs douteux continuellement mis en avant pour tâcher de masquer ces défauts ; la liberté sur les lèvres et la fausseté dans le cœur ; la nation pour prétexte, de pauvres petits intérêts de famille au fond de l'âme ; et le grand objet, le grand but, la grande affaire, à côté de cela, l'entassement de quelques milliers d'écus de plus !

Laissons les femmes , et quelques braves gens du juste milieu se croire de grands politiques, pour avoir causé de la paix et de la guerre avec un colonel de dragons ou avec un général de brigade, et vous dire sérieusement : « La France n'avait pas de fourrage, de lits de camp, ou de fusils. » Que sais-je ? Cette France possédait mieux que cela pour elle; l'opinion et la sympathie des peuples de l'Europe!

Non, ce n'est pas la propagande que je prêche. Les gouvernemens despotiques de l'Europe se trouvèrent si fortement ébranlés, les peuples de ces despotes tellement électrisés par les évènemens de juillet, qu'il suffisait alors d'un signe menaçant de ce colosse français, rajeuni, renaissant comme le phénix de ses cendres, et montrant aux premiers cette superbe tête imposante, chargée de récens souvenirs et de lauriers encore verts moissonnés dans cent victoires, pour leur dicter la loi. Il fallait dire à la Prusse, à l'Autriche, à l'Espagne, aux despotes de l'Italie : « Si vous armez un seul homme de plus, vous êtes bouleversés! » Nous en sommes profondément convaincus, ils n'auraient osé bouger. De cette manière, la France n'aurait pas été obligée de s'épuiser en armemens ; ses ressources auraient été ménagées et sa tranquillité extérieure assurée. Ce langage énergique aurait eu en outre l'immense avantage d'attirer tous les cœurs vers le prince qui aurait eu le courage de le tenir. La France régénérée a les bonnes et les mauvaises qualités de la jeunesse : un trait de vigueur l'enivre de plaisir.

A ce point-là, il fallait redoubler le signe menaçant, et obtenir, par là, de ces despotes, des institutions larges pour leurs peuples: c'était le moment qu'il fallait choisir pour redonner ses frontières naturelles à la France, pour l'entourer de constitutions, comme on entoure une place de premier ordre de fossés et de bastions. Ce premier acte de courage aurait maintenu l'élan des Français, aurait tenu en haleine celui des pays circonvoisins ; les rois se seraient trouvés ainsi dans le même état de stupéfaction et d'effroi; ils n'auraient su avoir la force de refuser.

Mettons les choses au pis ; supposons ce qui aurait été impossible, selon nous. Oui, les despotes n'auraient tenu aucun compte des injonctions de la France; ils auraient continué à armer ; ils auraient tâché de lui dicter des lois: c'est alors qu'il fallait faire tomber sur leurs têtes l'épée de Damoclès. Propagande ou non, c'est alors qu'il aurait fallu mettre à effet les menaces : et quelques milliers d'hommes avec des piques à la main, flanqués de proscrits de tous pays, le drapeau tricolore en tête, et le mot magique *Liberté* écrit au-dessus, sur le Rhin, sur les Alpes, sur les Pyrénées, aurait suffi et au-delà pour réaliser ces menaces. C'est dans ce moment-là, lorsque les despotes, en criant merci, auraient invoqué l'assistance de la France, qu'il fallait intervenir pour composer entre les peuples et les rois ; c'est dans ce moment-là, disons-nous, qu'il fallait se montrer juste et modéré, tout en assurant les intérêts de la patrie.—La modération dans l'homme fort qu'on implore est une vertu ; un géant à genoux, qui crie miséricorde, est un spectacle méprisable. Mais à quoi bon revenir sur une affaire manquée dès le commencement, et en rebattre les oreilles à des sourds qui ne veulent pas entendre? Il y a des hommes pour lesquels la peur et la bassesse sont des passions effrénées, comme le jeu et les femmes le sont pour d'autres.

On dirait que nous avons perdu notre objet de vue, et il n'en est pourtant rien : les idées s'enchaînent d'abord, et les affaires de l'Italie tiennent si étroitement à celles de la France, qu'il est presque impossible de parler de la première sans jeter, au préalable, un coup d'œil sur sa voisine. Encore un mot sur la France, et nous escaladerons les monts après pour rentrer en Italie.

Il y a eu et il y a pourtant de braves gens dans le conseil de Louis-Philippe Ier ; de ce nombre est, selon nous, M. Casimir Périer. Dût cette profession de foi ne pas convenir à quelques uns de nos amis, dont nous partageons les opinions politiques, nous leur dirons que nous ne connaissons qu'une seule manière de juger les hommes, celle des antécédens ; et ils sont ici, il faut en tomber d'accord, on ne peut pas plus honorables. Mais nous demanderons en même temps à M. le ministre de l'intérieur, comment se fait il qu'un homme d'une probité tellement reconnue ait pu accepter le portefeuille, en gardant M. Sébastiani au ministère? Ignorait-il, M. le président des ministres, qu'il se rendait par là solidaire de toutes les infamies diplomatiques que l'autre a accomplies? Qu'on nous passe l'épithète pour le moment, nous montrerons plus tard si elle est méritée ou non.

M. Sébastiani renvoyé du ministère, ou M. Périer refusant d'y entrer sans la condition de ce renvoi, les peuples qu'on a trahis et qu'on laisse égorger, n'auraient pas été, à coup sûr, moins malheureux pour cela, mais les formes constitutionnelles auraient été du moins respectées.

Et puis quelle politique, grand Dieu ! que celle que M. le président du conseil s'obstine à suivre! De quels dangers et de quelle déconsidération n'environne-t-elle pas la France? — La voilà ouverte de toutes parts, sans frontières ni du côté du Rhin ni du côté des Alpes; on peut même dire qu'elle n'en a pas davantage de celui des Pyrénées. Un seul grand échec éprouvé par les Polonais, et nous verrons, plus tôt qu'on ne pense, où mène cette politique de M. Casimir Périer, et si nos prévisions sont fondées.

Qu'il regarde, d'un autre côté, le cas que font de cette France, je ne dis pas l'Autriche et l'Espagne, mais le pape et le duc de Modène. — Il ouvrira bientôt les yeux, M. Casimir Périer; il voudra bientôt ressaisir les beaux momens perdus sans ressource; il voudra faire cesser les massacres italiens, mais il y aura impuissance de sa part; et du moment qu'il voudra fortement mettre à exécution ses volontés, la retraite du ministère aura sonné pour lui. Nous prouverons plus loin cette dernière phrase.

De grâce, courez vite, disait naguère un de nos amis à un Monsieur qui voyait souvent M. Casimir Périer, et qui assurait, à notre compatriote, que le gouvernement français, s'intéressant au sort des prisonniers italiens, venait d'expédier des courriers pour recommander aux despotes de la Péninsule de les traiter avec humanité; de grâce,

courez vite, disait notre ami ; et si vous avez quelque influence sur le ministre, employez-la pour qu'il fasse rappeler ces courriers par le télégraphe : ces malheureux prisonniers vont tous être fusillés ou pendus immédiatement
après une pareille recommandation : nous ne savons que
trop bien à quoi nous en tenir maintenant sur le patronage
de la France (1).

Nous ne ferons certainement pas le tort à M. le ministre
de l'intérieur de donner le moindre crédit aux idées qu'on
lui prête sur l'Italie. La constitution avec le Pape, le pou
voir temporel continuellement aux prises avec le spirituel,
et succombant chaque fois nécessairement sous celui-ci ;
ces visions-là ne peuvent pas se présenter à l'esprit d'une
tête bien organisée. Mais il faudrait, dans ces cas-là même,
que le Pape se prêtât à ces bouffonneries, et le Saint-Père
n'y consentira jamais, appuyé qu'il sera toujours par l'Autriche, qui, de son côté, n'y adhérera jamais non plus.
Alors il faudrait faire la guerre pour contraindre ces deux
puissances à s'y soumettre... Et qui fera la guerre ?... C'est
un cercle vicieux : car enfin, pour la faire cette guerre,
pour résister, il faudrait un peu d'âme, un peu de volonté :
or, de tout cela il n'y en a pas la plus petite parcelle. Les
alliés, ou l'Autriche toute seule, seraient aux portes de
Paris, que le Gouvernement français n'aurait d'autre pensée que de recommander à la garde nationale de réprimer
les émeutes. — Fameux talent de la retraite ! bon pour les
faibles, dégradant pour ceux qui sont forts ! — Et qu'est-
ce que les trente-trois et les cinquante millions d'habitans,
avec un gouvernement hypocrite et trembleur ? Quatre
millions et des hommes francs et énergiques à la tête suf-
fisent pour faire les bonnes choses ; Philippe II, avec les
Indes et une grande partie de l'Europe à lui, perdit un tiers
de ses États.

(1) Ici, et toutes les fois que le mot France peut être pris en mauvaise part, nous n'entendons parler que du gouvernement français.

M. Casimir Périer, nous en sommes convaincus, n'a cru faire jusqu'à présent que des concessions indispensables, en prêtant la main aux actes qui ont déshonoré le Gouvernement français ; mais ce caractère honorable même, que nous nous plaisons à lui reconnaître, le rendra bientôt gênant dans la place qu'il occupe, et le forcera à la quitter. Un jour, lorsque l'invasion de la France sera un fait avéré, dans un cas éventuel quelconque, où la dignité de cette France sera encore plus fortement compromise, on demandera à M. le ministre de l'intérieur de nouvelles bassesses, auxquelles son honneur refusera de souscrire ; M. Sébastiani et les courtisans resteront, M. Casimir Périer sera forcé de se retirer, car c'est uniquement de ces hommes-là que l'on veut. La nouvelle Chambre sera mauvaise et illibérale, selon nous ; mais elle n'influera en rien au sort de M. Casimir Périer : d'ici là il ne sera plus au ministère. — Il y a long-temps que nous connaissons d'où vient le mal ; il est sans remède.

Quant à l'intérieur, la politique de M. le président du conseil ne vaut guère mieux que l'autre. Nous n'aimons pas toutes ces destitutions qui portent sur les citoyens les plus respectables de la France par leur vertu et leur patriotisme. En admettant même, ce qui est bien loin de notre pensée, que ces citoyens aient manqué au Gouvernement, il faut que celui-ci, pour qu'on le respecte et qu'on l'aime, donne l'exemple des égards qu'on doit à l'honneur et aux vertus civiques. M. le président des ministres veut, dit-on, que le Gouvernement soit fort ; à la bonne heure, mais ce n'est pas en persécutant d'honorables citoyens qu'on le devient. — Violence au-dedans, faiblesse au-dehors, c'est l'histoire de tous les gouvernemens arbitraires ; et nous lui dirons, en lui indiquant la frontière, comme Cromwell, en le ramenant par le bras, et lui montrant le champ de bataille, disait à l'un de ses généraux qui faisait volte-face : « Vous vous trompez de chemin, milord ; c'est de ce côté-là que sont nos ennemis. » — A tout prendre, nous saurons bientôt à quoi nous en tenir sur le compte de M. Casimir Périer ; et nous dirons, en attendant, qu'il se trompe, ou qu'il est indignement trompé ; ses intentions ne sauraient être suspectes, ses antécédens en répondent.

Revenons à l'Italie maintenant ; car, après avoir fait retomber sur nos accusateurs, par les faits qui précèdent, les reproches dirigés contre nous et nos compatriotes, nous tenons encore plus à repousser vigoureusement le défaut de courage, cet autre reproche banal qu'on ne cesse d'adresser aux Italiens, pour leur dire ensuite qu'ils ne sont pas dignes de la liberté.

Nous demanderons d'abord, pour montrer tout le ridicule de la conséquence qu'on veut tirer de ce plus ridicule reproche, si c'est aux plus braves ou aux mieux civilisés que la liberté est due. Et sans sortir de l'Italie, quels sont les gens qu'on en croit plus dignes, des Transteverins (1), brutes, ignorans, se battant avec courage et acharnement pour soutenir les droits du Pape, ou des Toscans qui n'aiment pas, dit on, à se battre, et qui sont doux, polis, laborieux et instruits? Mais ceci aurait l'air d'une défaite, et on pourrait croire que je veux détourner la question, n'osant point l'aborder de front. Point ; je veux la discuter telle qu'elle a été posée : parlons du courage des Italiens.

Nous avons encore tout dit à ce propos dans les *Pensées et Souvenirs* (*voyez* chap. 23 et 24, 1ᵉ volume). Nous avons parlé de ces cohortes italiennes citées par La Beaume (un officier français), qui furent les dernières à poser les armes, et qui luttaient encore avec des forces inégales contre Bellegarde, lorsque tout était accompli en France. Nous avons cité vingt exemples de bravoure héroïque personnels, et nous avons prouvé jusqu'à l'évidence que, s'il y a en

(1) Je saisis avec empressement l'occasion de rectifier une erreur dans laquelle je suis tombé bien involontairement dans la note 6 du 1ᵉ volume des *Pensées et Souvenirs*. En citant le peuple de la Romagne, c'est du peuple de Rome et de ses environs que je voulais parler. Celui de la Romagne est un des plus civilisés et des plus braves de l'Italie.

Italie des fractions de peuple qui ne se battent pas pour leur indépendance et leur liberté, c'est qu'elles ne connaissent pas la portée de ces derniers mots : c'est par manque d'instruction, et non point par manque de courage.

Les évènemens récens qui viennent de se passer en Italie, loin de détruire ce que nous avions dit, sont venus le confirmer pleinement, et les preuves les moins récusables d'un courage brillant ont été nombreuses dans ce pays-là. A Firenzuola, deux cents jeunes gens, commandés par un vieux capitaine, sont surpris, pendant la nuit, par huit cents hommes, moitié Autrichiens, moitié troupes de la duchesse de Parme. Ils se battent pendant six heures, et forcent leurs adversaires à la retraite. Le lendemain, ils se retirent en bon ordre sur les montagnes, le visage toujours tourné contre l'ennemi, qui était revenu les attaquer avec des forces doubles de celles de la veille. A Rimini, douze cents jeunes gens environ, après avoir bivouaqué toute la journée, ne voyant pas d'ennemis arriver, s'éparpillent dans la ville, et courent s'amuser et boire. L'avant-garde d'un corps de vingt-deux mille Autrichiens vient les surprendre dans ce moment-là, braque sur le pont deux pièces de canon, et ouvre un feu soutenu contre la ville. Le rappel bat dans Rimini : ces enfans courent à leurs armes, vont droit du côté où le feu était le plus nourri, tandis que le brave Ollini qui les commandait, seul au milieu du pont, comme Horatius Coclès, criait, en essuyant tout le feu de l'ennemi: « A moi, les jeunes gens ! » Il fut écouté: une trentaine de ces jeunes gens s'élance sur le pont, et, sous le feu des canons, au pas de course, sabre les artilleurs autrichiens, s'empare de ces canons et les tourne contre l'ennemi, pendant que le reste de ces héros l'attaquait comme il le pouvait, et forçait les Allemands à la retraite. Une centaine de ces martyrs, l'espoir de leurs familles, resta étendu sur le carreau dans cette sanglante affaire (1).

(1) Outre le général Ollini, deux braves officiers, maintenant à

J'ai parlé, non pas à un homme du juste milieu italien, non pas à un prêtre ou à un moine, mais à un vieux et excellent militaire, tout couvert de blessures; un de ceux de la bonne souche, qui a fait toutes les campagnes de l'Italie, de l'Allemagne et de l'Espagne sous l'empire et sous le consulat, le brave général Sercognani enfin. Voici ses propres paroles, en me parlant de ces jeunes gens : «Ce sont des enfans qui ne savent ni s'aligner ni tenir leurs fusils; mais quant au courage, je n'en ai pas vu de plus brillant.» La conduite du cabinet français et le décret d'Ancône du gouvernement provisoire vinrent leur faire tomber les fusils des mains.

Il faut le dire ici, il y a eu, dans cette affaire, des torts de tous les côtés.

Les doctrinaires, qu'on mit à Bologne à la tête du gouvernement, trahirent la cause de la liberté italienne par la mollesse de leur action, par leur ineptie dans la manière d'envisager la révolution. Ils crurent, ces hommes nuls, que tout était accompli, puisqu'ils s'étaient assis tranquillement sur le siége du gouvernement; et je vis que tout aussi était perdu sans ressource, en lisant la polémique sur la restriction de la liberté de la presse, consignée dans le journal de Bologne, et la proclamation du président Vicini à ses compatriotes, où ce niais, dans le but de faire parade de son grand savoir, traçait l'histoire du Bas-Empire, et ne parlait que des priviléges de Bologne, et de Bologne toute seule, accordés par tel ou tel autre pontife, par tel ou tel autre empereur; et cela dans quel moment ! Dans celui où il fallait uniquement et vigoureusement agir. — Ce serait mettre la confiance de mes lecteurs à une trop forte épreuve que de rapporter ici les actes d'une imbécillité à peu près fabuleuse de ce même président Vicini et du gouvernement provisoire de Bologne; encore, si les conséquences n'en avaient été si funestes, on pourrait en rire.

Paris, les colonels Ragani et Molinari, se conduisirent d'une manière brillante à cette affaire de Rimini.

Le premier s'occupait sérieusement de la coupe de la toge de sénateur à l'instar de celle des anciens sénateurs de Bologne, dont il pensait se revêtir, tandis que, de concert avec les autres membres du gouvernement, il faisait, d'un côté, désarmer tous les citoyens de Modène pour qu'ils n'enfreignissent pas *il santo principio della non-intervenzione*, et, de l'autre, renvoyait dans ses foyers un millier de jeunes gens de la Romagne, qui venaient offrir leurs bras et leurs vies pour la cause de la patrie, en disant « que la patrie n'avait besoin ni de vies ni de bras. » En même temps, le général Armandi, ministre de la guerre, et digne émule et compagnon de Vicini, refusait tout, ou ne répondait pas un mot au brave Sercognani, qui lui demandait quelques centaines d'hommes et un millier de fusils pour marcher sur Rome.

Lorsqu'on met des maîtres d'école à la tête des gouvernemens, dans des situations difficiles surtout, les gouvernemens et la patrie sont perdus sans espoir. Les doctrinaires italiens ont tué l'Italie; les doctrinaires français ont mis et ils mettent toujours la France à deux doigts de sa perte.

Si les Bolonais avaient placé des hommes nouveaux et énergiques à la tête de leur gouvernement, ceux-ci auraient senti tout de suite que Bologne et la Romagne toutes seules ne pouvaient rien; que ce n'était pas de l'acquisition de quelques lois municipales ni de l'affranchissement d'une province, mais de l'indépendance et de la liberté italiennes qu'il s'agissait. Ils auraient compris que, dans une révolution, ce n'est pas sur la protection de telle ou telle autre puissance, mais sur la vigueur et le courage qu'il faut compter; que c'est avec la pointe de l'épée, avec des baïonnettes au bout du fusil, qu'on fait des protestations, et qu'on obtient cette liberté et cette indépendance; ils auraient senti, dis-je, qu'une révolution n'est pas l'ordre ordinaire de la société, et que conséquemment les moyens ordinaires ne valent rien pour la diriger. Ils se seraient alors moqués du fameux principe de la non-intervention; au lieu de le comprimer, ils auraient excité l'élan de cette jeunesse électrisée et belliqueuse. Prompts comme la foudre, ils auraient marché sur Rome, en passant par la Toscane, qui, prête elle-même à se soulever, n'attendait que l'arrivée des patriotes bolonais pour grossir leurs rangs et marcher avec eux. Rome serait à coup sûr tombée entre leurs mains, dans le premier moment de consternation où les événemens de la Romagne l'avaient jetée. Dans cette ville, ils se seraient emparés des ressources que possède toujours une grande capitale; ils auraient eu des fusils et des canons, dont ils manquaient. La révolution aurait gagné de proche en proche; Modène aurait été secourue à temps; peut-être, et sans peut-être, nous aurions complètement réussi, malgré la funeste protection du gouvernement français; et, j'en suis convaincu, M. de Saint-Aulaire serait arrivé à temps pour adresser ses félicitations au jeune président de la république italienne, au lieu de les présenter au Saint-Père : dans tous les cas, il n'aurait pas tardé à recevoir des instructions pour dire au premier, *que le roi des Français sympathisait entièrement avec la révolution de l'Italie, et qu'il se félicitait de tout son cœur, en voyant encore triompher la cause de cette liberté qui avait toujours été le plus cher de ses vœux.* «Tout était prêt en Italie; jamais moment pareil ne se présentera plus : la Toscane était animée du meilleur esprit; les Abruzzes frémissaient, et s'impatientaient de ne pas nous voir arriver; le courage brillant de notre jeunesse était garant de la réussite; mais la nullité de notre gouvernement, la diplomatie française et son principe de non-intervention, nous ont assassinés. »C'est encore la vieille moustache qui dit cela.

Après avoir fait la part qui revient aux doctrinaires italiens, disons toute la vérité : ils ne sont ni les seuls, ni les plus grands coupables dans le déchirant résultat de la catastrophe italienne : ces gens-là n'ont péché que par imbécillité, de s'être aveuglément fiés aux assurances for-

melles et réitérées données par les représentans du gouvernement français en Italie. Celui-ci est bien autrement
coupable que ces pauvres gens-là; il a trahi par fausseté
ou par lâcheté : point de milieu ; et, dans le dernier cas,
les guet-apens est flagrant.

En même temps que M. Sébastiani proclamait à la tribune le fameux principe de la non-intervention, ses agens
à Rome et à Florence parlaient dans le même sens que lui.

Vers la fin du dernier mois de janvier, tout étant prêt
à Bologne pour une révolution, les chefs du comité bolonais, voulant agir prudemment avant que de se compro-
mettre, firent remettre à M. de Latour-Maubourg une note
où ils le priaient de leur dire quelle aurait été la conduite
de la France dans le cas d'une révolution en Romagne,
et si elle aurait maintenu le principe de la non-intervention. M. de Latour-Maubourg écrivit sur le revers de la
note ce peu de lignes: « La France, toujours conséquente
au principe qu'elle a proclamé, *garantira* celui de la
non-intervention, *dans tous les cas*, et pour chaque gouvernement bien organisé. » Cette réponse arriva à Bologne
le 2 ou le 3 février ; le 4, la révolution éclata.

Nous regardons M. de Latour-Maubourg comme un parfait honnête homme; il n'a aucun tort ici, puisqu'il a agi
d'une manière conforme à ses instructions, qui étaient
d'ailleurs parfaitement d'accord avec le langage de cette
époque du ministre des affaires étrangères à la tribune.
Malgré cela, nous savons bien que nous pouvons lui faire
du tort en divulguant ces faits; car il n'y a rien de si per-
nicieux que d'avoir raison avec les personnes du pouvoir:
nous sommes peiné de lui nuire, mais la vérité nous inté-
resse trop ici pour que nous nous arrêtions à d'autres
considérations qu'à celle de la défense de notre patrie et
de nos compatriotes. Ce n'est pas tout ; M. de Ganney,
chargé d'affaires à Florence, ne cessait de donner, à qui
voulait l'entendre, et plus particulièrement au comte
Bianchetti, membre du gouvernement de Bologne, les

assurances les plus positives que la France aurait fait religieusement respecter le principe de la non-intervention. Huit jours après l'occupation de Ferrare par les Autrichiens, ce même comte Bianchetti, alarmé lui et les siens, se rendit à Florence, eut une entrevue avec le même chargé d'affaires, qui lui tint précisément le même langage, et le rassura sur la prise de Ferrare, en lui donnant pour raison qu'il fallait donner aux Autrichiens une tête de pont sur le Pô ou quelque autre niaiserie pareille : l'excellent homme fut tout consolé, il la rapporta à ses chers collègues, qui ne se sentirent pas d'aise de l'explication *rassurante*. Les Autrichiens marchaient déjà sur Bologne (1).

Nous savons bien qu'il n'en coûte rien de dire cela n'est pas; mais nous répondrons, comme disait la *Tribune*, en rapportant le résultat des entrevues, au sujet de l'Italie, entre M. le général Lafayette et M. Sébastiani ; nous répondrons, dis-je: c'est vrai, comme la vérité; nous tenons ces détails d'un homme d'honneur, d'un homme qui a pris part, tout en les condamnant, aux menées diplomatiques de la Romagne ; un homme qui ne dit pas *qu'entre promettre et tenir il y a une grande différence;* par un témoin oculaire enfin qui a lu de ses propres yeux le revers de la note en question : nous ne le nommerons pas, et pour qu'on ne s'y trompe pas, nous déclarons que ce n'est pas M. Huber.

Règle générale. Lorsque M. Sébastiani monte à la tribune, et dit : « J'espère que la Chambre appréciera le silence que nous imposent les négociations établies, » ces

---

(1) Il est bon d'observer en même temps ici que M. Sébastiani avait un agent à Bologne dès le commencement de l'insurrection. Lorsque M. *** se présenta à lui, immédiatement après son arrivée à Paris, M. Sébastiani lui dit : « Je sais tout ce qui se passe à Bologne, mon agent m'instruit de tout. » Il savait donc tout? il savait donc aussi le langage que les diplomates français tenaient à Rome et à Florence? Il est bien de tenir note de cette circonstance.

mots se traduisent littéralement ainsi que suit : « Messieurs, vous aurez bientôt connaissance de la plus insigne des infamies diplomatiques passées, présentes et futures, que j'aurai dans peu l'avantage de porter à bonne fin. » — Comment ! monseigneur, meilleure que celles que nous connaissons déjà? Vous nous en avez pourtant montré de belles. — « Fameuse, vous dis-je; attendez seulement, et vous verrez. »

Après avoir parlé des Polonais de la manière dont je l'ai fait plus haut, on ne pensera pas, j'espère, que j'ai voulu citer quelques preuves récentes du courage brillant de mes jeunes compatriotes, dans l'intention de les mettre de niveau avec celui des premiers; et, en disant cela, je ne fais aucunement preuve de modestie, car quel est le peuple qui oserait se dire aussi brave que les Polonais? Les gens de cœur, d'ailleurs, sympathisent avec ceux qui le sont mieux qu'eux; les intérêts communs aux deux nations redoublent ici la force de cette sympathie; et quant à nous particulièrement, nous avons, dans notre jeunesse, trop aimé les actions d'éclat; nous aimons trop maintenant la liberté pour ne pas tomber à genoux devant des faits d'armes que l'avenir pourra traiter de fabuleux. En citant, disons-nous, quelques traits de bravoure de la jeune Italie, nous n'avons eu d'autre idée que de montrer d'abord l'absurdité du reproche de manque de courage qu'on ne cesse de nous adresser; j'ai voulu ensuite m'en servir comme d'un échelon pour prouver jusqu'à l'évidence que ce n'est pas seulement dans la différence de ce même courage entre les deux peuples, qu'existent les raisons qui font que l'un réussit, tandis que l'autre échoue. J'ai déjà cité quelques unes de ces raisons : ce sont les maîtres d'école, et leur imbécillité à la tête du gouvernement bolonais, la conduite peu loyale du cabinet français: j'en ajouterais d'autres non moins efficaces.

Est-ce donc sérieusement qu'on voudrait comparer la Pologne composant un royaume, petit à la vérité, mais

compacte, ayant une armée toute polonaise, avec du canon et des fusils, avec des glaces qui se fondent et des ri-
vières qui inondent un pays couvert d'une nation belliqueuse, à celle de l'Italie, ayant cent cinquante mille ennemis dans son cœur; sans fusils(1), sans canons, abor-
dable dans toutes les saisons, ayant encore, entre ceux
dont elle se compose, un pays presque exclusivement peu-
plé de prêtres et de moines? Peut-on sérieusement, disons-
nous, comparer la Pologne compacte, à l'Italie morcelée
en vingt petits États différens? C'est exprès que je cite
cette raison la dernière, car elle est une de celles qui em-
pêchent le plus fortement ma patrie de se lever tout à la
fois lorsque la circonstance l'exige. Cette politique atroce,
connue sous le nom de *divide et impera*, suivie avec tant
d'opiniâtreté par ses despotes, a porté ses fruits : ce sont
les jalousies et les inimitiés de chaque province avec celle
qui l'avoisine. — Elle est malheureuse, ma patrie, hor-
riblement malheureuse! mais il y a en elle graduation de
malheur, résultat nécessaire des différens régimes qui la
gouvernent. Le royaume de Naples est moins à plaindre
que la Sicile et que l'État de l'Église; les habitans du Piémont ne sont pas aussi hachés en pièces que ceux de Modène; et la Toscane, qui coupe en deux la Péninsule, est
même à peu près heureuse : on la dirait placée là tout exprès
par les despotes, pour empêcher les communications des
peuples, presque également tyrannisés, qui sont aux deux
bouts de l'Italie. Cette graduation de malheur est funeste à
ma patrie : nous ne pouvons jamais avoir ce désespoir una-
nime qui s'empare d'un peuple également malheureux et
comprimé. Une province ne se lèvera chez nous que lorsque
celle qui la touche vient d'être mise à la raison : on nous
bat, et on nous battra toujours en détail, tant que nous

(1) Il n'y avait que quatre mille fusils dans toute la Romagne. On
m'assure qu'on s'est saisi, dans les mers de la Toscane, d'un envoi de
cinq mille autres que les comités français ou italiens, à Paris, faisaient au gouvernement bolonais.

n'aurons pas compris cette vérité, « qu'il faut, avec de l'énergie et du courage, de l'ensemble et un soulèvement en masse, pour réussir. » Nous n'avons pas tout dit; en rendant de nouveau hommage à ce courage héroïque et fabuleux des Polonais, nous n'avons pas nommé la circonstance qui a le plus contribué à leur succès : bonheur immense, unique, inappréciable!... c'est celui de ne pas avoir eu le gouvernement français pour voisin et pour auxiliaire. Si, comme nous, ils avaient eu *l'avantage* d'être à la portée de celui-ci, M. Sébastiani n'aurait pas manqué de leur donner, plus particulièrement qu'il n'a pu le faire, une preuve éclatante *de cette tendre sympathie qui s'acquiert sur le champ de bataille, qui ne s'oublie pas;* et la Pologne aussi aurait eu son Saint-Aulaire.

Et c'est nous qui manquons de courage! Le sang des patriotes italiens versé en juillet dans les rues de Paris; les faits qui précèdent; ceux que nous avons rapportés au commencement de cette brochure, rendent ce reproche, de quelque côté qu'il vienne, pour le moins absurde et ridicule.

Non, qu'on ne pense pas que nous nous plaignions de ce que la France ne nous ait pas secourus. Et qui la priait d'intervenir? Les démarches des Italiens, à cet égard, n'ont constamment été que de simples demandes, afin de régler leur conduite en conséquence de celle de la France. Cette puissance n'avait qu'à dire « qu'il ne lui convenait pas de s'ingérer dans les affaires de ses voisins, » et tout était dit. Ce n'était peut-être pas là le langage qu'il convenait de tenir à un gouvernement dont le roi est généreusement rétribué par les Italiens, roi dont la femme et le fils aîné, l'héritier de la couronne, sont eux-mêmes Italiens; mais enfin il y aurait eu au moins de la franchise, sinon de la dignité dans ce langage. — Les Italiens, dans ce cas-là, de trois choses l'une : ou n'auraient pas bougé, ou auraient réussi tout seuls, ou auraient eu à se reprocher, tout seuls aussi, le mauvais résultat de leur entreprise. — Mais on sait de quel terrible effet est, même sur les âmes les plus fortement trempés, une promesse déçue, un secours, sur lequel on compte, qui manque au moment même que le besoin le réclame. Napoléon, en voyant les Prussiens arriver, au lieu de Grouchy qu'il attendait, en perdit la tête à Waterloo. Le langage des *Débats* déjà cité, celui de tous les journaux ministériels (1), parfaitement d'accord avec celui de la diplomatie française à cette époque; le ministre des affaires étrangères proclamant à la tribune le principe de la non-intervention, le faisant garantir sur les lieux par ses agens; cette France qui devait arriver, et qui n'arrivait pas, qui devait empêcher et n'empêchait rien, qui promettait tout, et qui ne tenait aucune de ses promesses: voilà le mal, voilà l'indignité, voilà ce qui a fait tomber les armes des mains des guerriers de Rimini, voilà l'action que l'Italie voue à l'horreur des honnêtes gens. — Républicains, libéraux, carlistes, juste milieu, avons-nous tort ou raison? — Oui, vous avez raison, répondrez vous, je n'en doute pas. — Eh bien! que ferez vous maintenant pour nous faire ressaisir le bien que nous avons perdu, peut-être sans ressource? — Nous vous laissons pendre et fusiller. — Etrange destinée de la France, de se suicider en assassinant la liberté partout où elle est à sa portée! elle l'a égorgée en Espagne et en Italie; elle va l'étouffer en Belgique, car nous regardons la situation de ce pays comme désespérée, tant qu'il n'aura pas rompu ses relations avec la France. — Continuons.

En même temps que MM. de Latour-Maubourg et de Gannay donnaient sur les lieux les espérances dont nous avons parlé plus haut, ce même gouvernement délivrait aux proscrits, qui étaient à Paris, des passeports pour la frontière de l'Italie, et faisait payer de l'argent, avant que le mois ne fût échu, à ceux d'entre eux qu'il subventionnait, pour leur donner les moyens de s'y rendre. Ces faits ont passé par nos mains, et nous en garantissons

<hr>

(1) Voyez le *Temps*, du 24 février, et les journaux ministériels de cette époque.

Contraste insuffisant

NF Z 43-120-14

l'authenticité; cent témoins le déposeront avec nous au besoin. Ce gouvernement savait tout donc? et nos amis d'ailleurs ne faisaient aucun mystère ni de leur départ, ni de ce qui en était l'objet. Ils étaient là, remplis de courage, prêts à se battre, et enivrés de l'espoir de rentrer dans leurs foyers, d'embrasser leurs parens et leurs amis. — Vain espoir, hélas! et bien cruellement trompé! — Quelques uns d'entre eux ne sont entrés qu'au fond d'un noir cachot, pour ne jamais plus en sortir; d'autres n'ont embrassé que la planche de la guillotine, ou la terre froide sur laquelle ils sont tombés en expirant! — Comment donc expliquer l'allure changeante, presque du soir au matin, de ce gouvernement, qui donne aujourd'hui des passeports et des subventions aux mêmes gens qu'il fait dissiper et poursuivre demain à la frontière, où il savait qu'ils devaient se rendre? Oui, nous l'avons dit, le crime est prouvé, le guet-apens est flagrant : le Gouvernement français n'a donné toutes ces espérances aux Italiens, il ne leur a fourni tous les moyens pour se rendre à la frontière que pour les compter, pour transmettre exactement aux amis despotes le nombre de ceux qui étaient prêts à prendre les armes et à marcher ; il n'a laissé pénétrer les plus hardis que pour aider ces despotes à se défaire des plus dangereux (1).

Les preuves débordent déjà, mais nous voulons en fournir d'autres : le général Lafayette et M. Sébastiani!

Nous pourrions nous en tenir à cet égard à ce qui a été dit par les journaux libéraux, qu'aucun journal ministériel n'a osé contredire : et puis, quelle nécessité de constater des faits évidens! M. Sébastiani n'est-il pas convenu dans la Chambre qu'il avait écrit positivement à l'Autriche que la FRANCE NE SOUFFRIRAIT *jamais* SON INTERVENTION ARMÉE DANS LES ÉTATS INSURGÉS DE L'ITALIE? Pourrait-il nier ce fait? Prétendra-t-il ici encore *qu'entre dire à la Chambre et dire à la tribune, il y a une belle différence!*

Mais comme il y a des gens qui aiment à douter de tout, et qui demandent toujours si les entrevues entre ces deux personnages, au sujet de l'Italie, ont eu lieu, nous leur répondrons : Oui, cent fois oui! Oui, M. Sébastiani a répondu de la manière la plus formelle à l'illustre général, qui lui demandait des déclarations explicites à ce sujet : *que le principe de la non-intervention aurait été strictement observé à l'égard de l'Italie comme à l'égard des autres pays;* et cela non pas une, mais trois fois. Les deux discours de M. Lafayette, des 20 et 23 février, discours auxquels M. le ministre des affaires étrangères répondait par des signes et par un silence approbateurs; ces discours, disons-nous, ont été prononcés à la suite de deux de ces entrevues; et les réponses *consolantes* de M. Sébastiani ont été directement transmises à ces mêmes Modénais, pour lesquels on a inventé d'abord le spécieux prétexte de la réversibilité, et qu'on égorge maintenant.

Qu'est ce donc, après tous les faits que nous venons de produire à ce sujet, que cette impudente protestation au cardinal Bernetti, que je lis aujourd'hui dans les journaux, et qui se trouvait hier dans *la Quotidienne* et dans *l'Avenir?* Protestation où M. de Saint-Aulaire, à l'exemple de M. Castelcicala, appelle calomniateurs ceux qu'il calomnie! Il déclare calomniateurs, dit-il, ceux qui ont répandu le bruit absurde que le roi *très chrétien* ait jamais eu l'idée de soutenir les Italiens dans leurs folles espérances, etc., etc. M. de Saint-Aulaire calomnie les Italiens et le roi des Français. Je m'arrête, l'indignation que j'éprouve pourrait me mener trop loin.

S'il y a quelque chose qui m'ait fait frissonner d'horreur dans la vie, c'est la vue d'un coupable qui se moque de son crime et qui nargue ses juges et l'opinion publique. Enfant, au plus petit tort que je me sentais avoir, j'aurais voulu que la terre s'ouvrît pour me cacher aux yeux de mes jeunes amis; homme, et déjà presque vieux, je ne puis m'empêcher de rougir jusqu'aux yeux, lorsque la raison n'est pas de mon côté ; mais il serait difficile de trouver dans la société des exemples frappans de ce honteux dévergondage que nous voulons flétrir. Ce n'est que dans les repaires de la diplomatie, que ce double vice acquiert son plus haut degré de perfection. On choisit un homme *franc*, c'est-à-dire, impudent au dernier point; on lui dit : « Vous irez là, vous assassinerez ou vous ferez assassiner tel ou tel peuple, tel ou tel autre individu; vous regarderez vos victimes en face, vous les narguerez; vous direz tout haut que cela leur va bien, qu'elles sont la seule cause de leur malheur; vous leur fermerez la bouche sur tout; vous avez beaucoup de moyens; vous vous servirez de tous ceux du gouvernement : allez... » Oui, cachez vos manigances, faites désavouer vos turpitudes par vos ministres : vous n'êtes pas parvenus à étouffer les cris des victimes; elles ont crié par mon organe, et le public qui est là, voit, écoute, juge, et vous dit que vous êtes des fripons et des scélérats (1).

Que dire, après cela, à des gens qui ne vivent pour ainsi dire que d'autorités! à des gens pour lesquels la citation d'un vers d'Horace ou de lord Byron, une sentence de Cicéron ou de Sénèque, valent mieux que les raisons les plus convaincantes! qui citent à tout propos la conduite politique de l'Angleterre, et pensent que c'est la seule à suivre? Que répondre à des pédans dont le parti est arrêté? à ce troupeau singeur qui n'écoute rien?

Ce n'est donc qu'aux personnes raisonnables que nous ferons remarquer que le principe égoïste qui a servi jusqu'ici de boussole au cabinet anglais, sous les Castlereagh et les Wellington, a pu être utile, sinon moral, pour la Grande-Bretagne; car elle est entourée par la mer, qu'elle domine. Napoléon eut le projet de la franchir, cette mer, et d'aborder aux rivages d'Albion : aurait-il réussi? C'est encore une question. Mais où sont maintenant les Napoléons.

(1) Voyez la note c à la fin

En France, ce même principe égoïste est au moin. une absurdité; et du train dont vont les affaires dans ce pays-ci, ce principe est encore plus qu'une absurdité; c'est un suicide politique. Nous ne pensons pas d'ailleurs qu'il existe dans les annales diplomatiques des iniquités pareilles à celles dont nous venons de parler. Les ministères Castlereagh et Wellington, que nous avons hautement blâmés dans nos *Pensées et Souvenirs*, avaient au moins la pudeur, en abandonnant les peuples qu'ils avaient poussés en avant, de stipuler, avant cet abandon, des garanties pour les vies et pour les biens des individus compromis; et le gouvernement anglais tenait la main à ce que ces stipulations fussent observées. Sir William A'Court, un des piliers les plus solides de ces minist'res, du temps de la restauration des Bourbons à Naples, au moment où les troupes anglaises quittaient la Sicile, et que la politique de la Grande-Bretagne lui conseillait d'abandonner les Siciliens à leur sort, sir William A'Court, dis-je, stipulait dans son memorandum de 1814 des garanties pareilles à celles dont nous parlons, et disait au roi de Naples, en désignant les constitutionnels siciliens : « Ces individus sont parfaitement connus, et les abandonner serait incompatible avec le caractère et la dignité de la nation britannique : elle a un droit incontestable d'insister pour qu'aucun d'eux ne soit inquiété ni dans sa personne, ni dans ses biens, pour la part qu'il aurait pu prendre à l'établissement et au soutien de la Constitution; et la *parfaite* sécurité de ces individus doit être regardée comme le *sine quâ non* de la protection et de l'alliance de l'Angleterre. » Mais encourager des gens qui ne sont déjà que trop à plaindre, leur dire : « Allez, nous voilà prêts à vous soutenir; » puis lâcher pied, les trahir, les laisser tranquillement égorger, en alléguant à mesure des prétextes plus ridicules et plus honteux les uns que les autres, ajouter la calomnie à tant d'horreurs! Non, jamais les Castlereagh ni les Wellington n'ont été coupables :

turpitudes diplomatiques de M. Sébastiani ont éclipsé toutes celles de ces illustres champions de la Sainte-Alliance. Montez donc à la tribune, ministre fanfaron, et parlez-nous encore effrontément de l'honneur et de la dignité de la France !

Beaux discours, en vérité, que ceux que nous faisons tous tant que nous sommes ! tandis que des milliers de malheureux sont enchaînés et plongés dans les niches fétides et souterraines du Spielperg, de la Hongrie, de Civita-Castellana et de Rubbiera, tandis qu'un autre millier de têtes tombe séparé de ses troncs ; tandis que les mille veuves et les mille orphelins de ces ombres, errent à l'aventure, sans secours, sans argent, sans espoir, sans toits, car leurs maisons ont été rasées !

Ce sont donc là les résultats de la révolution de juillet ! Est-ce donc pour soutenir les prétendus droits des monstres qui sont les auteurs de ces atrocités, que le peuple de Paris s'est soulevé ? Est-ce donc pour les aider dans ces épouvantables crimes, que vous êtes au pouvoir ? Et vous parlez de propagande ! Et celle qui est dirigée à conserver éternellement ces cannibales sur les trônes, ne vous effraie donc pas ?

Vous annoncez avec satisfaction, dites-vous, que les puissances désarment ! Je n'en crois rien ; mais le fait fût-il vrai, avez-vous fait désarmer en même temps les guillotines qui tranchent les têtes, les arquebuses qui fusillent, et les échafauds d'où pendent ces milliers de corps sans vie, pour servir de pâtures aux corbeaux ? Non ; car, malgré vos immenses moyens, il y a impuissance de votre part : c'est la massue d'Hercule entre les mains d'un enfant. Non ; car l'Autriche, le pape et le duc de Modène se moquent de vous. Couvrez-vous donc la figure, et demandez pardon à Dieu de tant d'assassinats, où vous êtes pour le moins de moitié. Êtes-vous enfin parvenus à y mettre un terme ? Couvrez-vous encore la figure, et demandez encore pardon à Dieu ; il y a déjà assez de sang de répandu et de victimes par votre faute ; car, quant à moi je vous dirai comme Elisabeth disait à sa rivale « : Dieu pourra vous pardonner, mais moi je ne vous pardonnerai jamais.»

C'est une vérité, mais une triste vérité: les parvenus ne voient jamais que les vices de la classe où ils veulent se hanter; ils ne saisissent que ceux-là, et les exagèrent après outre mesure. Ainsi, le boutiquier qui se fait recevoir parmi la noblesse, sera dix fois plus fat et plus insolent, et n'aura ni l'esprit, ni la grâce dans les manières, de celui qu'il s'est choisi pour modèle. De même le savetier ou le tonnelier devenu ministre, ne suivra jamais les traces des hommes probes ses devanciers, choisira tout ce qu'il y a de plus hideux dans les actes de la diplomatie; ira beaucoup plus loin qu'aucun de ses prédécesseurs n'a osé le faire, et se croira d'autant plus grand ministre qu'eux tous, que sa conduite a surpassé en laideur celle des autres.

Non, la noblesse n'est pas un vain titre. Si M. de Polignac avait été capable d'imaginer des actes pareils à ceux que nous venons de reprocher à M. le ministre des affaires étrangères, il n'aurait osé les accomplir ces actes; il aurait frémi à l'idée de déshonorer ses aïeux: et, peut-être, de crainte de déroger à sa légitimité, Charles X aurait renvoyé avec honte le ministre qui lui aurait proposé de transiger à ce point-là avec l'honneur.

O M. de Châteaubriand! que je vous envie votre plume éloquente, et cette manière, que vous possédez à un degré si éminent, de savoir flétrir le vice avec ce ton parfait de bonne compagnie! Que j'aime surtout dans votre dernière brochure, « ce chevalier qui gagnait jadis ses éperons, » non la lance au poing, mais le chapeau bas!... » Était-il honni, conspué par les assistans? était-il aussi faux que lâche ce chevalier? Voilà ce que j'aurais voulu qu'il nous eût appris l'illustre auteur, pour que ma bile sicilienne fût satisfaite. Cela devait être : la bassesse et la trahison s'abritent sous le même toit.

La garde nationale, ce... institution excellente, surtout

dans un pays dont les destinées sont assurées, la liberté et la dignité affermies ; la garde nationale que nous avons appelée, dans nos Excursions politiques, la sauvegarde de la France et sa véritable représentation, aurait pu, selon nous, mieux comprendre la mission qui lui était confiée. Elle a vu dans les émeutes, l'anéantissement du crédit, la destruction du commerce et de l'industrie. Cette fausse idée, effet d'une frayeur feinte ou ridicule dans le juste milieu, a été un faux jugement dans la garde nationale, elle s'en est laissé imposé par le premier.

Ce n'est ni dans les émeutes, ni dans l'inquiétude générale de la France, qu'existe la cause des malheurs dont nous venons de parler : ils ne sont que la conséquence inévitable, nécessaire, de ce système de tâtonnement, de la politique absurde, fausse, timide, incertaine de son ministère. Et comment voudrait-on qu'un gouvernement qui ne sait pas lui-même ce qu'il veut, qui trahit tout ce qui l'environne, n'inspirât pas la défiance et le découragement! Si la garde nationale avait envisagé la question sous son véritable point de vue, elle aurait impérieusement exigé de ce même gouvernement une conduite ferme et honorable. Elle le pouvait, si elle l'avait voulu, sans qu'une goutte de sang fût répandue, sans qu'il arrivât le moindre malheur. La peur ayant été, jusqu'à présent, un des principaux moteurs de ce gouvernement, entre la crainte de l'étranger, et celle que lui aurait inspirée la garde nationale, il aurait cédé à celle-ci qui le serrait de plus près ; il aurait tout accordé, aurait souscrit à tout, aurait pris ses ministres dans le côté où l'autre les lui aurait désignés. En agissant ainsi, la garde nationale aurait rendu un service immense à son pays : en quinze jours, le commerce et l'industrie seraient redevenus plus florissans que jamais, le crédit aurait été rétabli, les banqueroutes auraient cessé de désoler la France. En obligeant son gouvernement à agir avec dignité et honneur, la garde nationale aurait rendu un service encore plus dont nous avons parlé à la page 20; elle aurait acquis à la France un avenir presque éternel, une tranquillité durable, à l'abri des orages politiques et des vicissitudes de la guerre; elle aurait fait de cette France la toute première puissance du monde, l'arbitre de la paix et de la guerre, l'ami qu'on aurait voulu avoir, l'ennemi qu'on aurait craint, le grand ressort qui aurait fait mouvoir à volonté les souverains de l'Europe. En agissant ainsi, la garde nationale aurait mis le gouvernement français à l'abri de la honte et du déshonneur; elle lui aurait évité toutes les malédictions méritées que lui adressent les nations qu'il a trahies, les peuples qu'il a assassinés. Le moment est maintenant passé. La garde nationale n'a rien fait de tout cela : nous n'avons rien à dire; et en examinant cette question, nous avons mis exprès, *selon nous,* car c'est notre manière de voir là-dessus. Nous pouvons nous tromper, comme nous pouvons avoir raison; les opinions sont libres (1).

Venez ici, mes chers et malheureux compatriotes, que je vous embrasse. Si la faiblesse, peut-être, de mon langage n'a pas suffi pour vous prouver quels sont mes sentimens pour vous, quelles les émotions que j'éprouve, que les palpitations de mon cœur vous les expriment. Jamais, comme à présent, je n'ai senti jusqu'à l'amertume le désagrément de ne pas être riche; si je l'étais, je voudrais vous abandonner la totalité de ma fortune, pour tâcher de soulager les maux affreux qui vous accablent. Espérons! qui sait? l'avenir est gros d'événemens; la civilisation marche toujours, et tous les gouvernemens ne sont ni aussi faux, ni aussi trembleurs que celui de la France. Voyez la Pologne, voyez le roi d'Angleterre.

Qu'il nous soit permis, avant de finir, d'exprimer la vive sympathie, la profonde admiration dont nous sommes pénétrés pour ce brave et loyal souverain. — Lorsqu'un prince sait ainsi marcher d'un pas ferme vers la civilisa-

(1) Voyez la note *d* à la fin.

tion que son pays et l'époque réclament ; lorsque, l'honneur et la dignité pour guides, il s'avance courageusement vers le but qu'un roi honnête homme doit se proposer (la félicité de ses peuples et la gloire de son pays), ce prince a mérité de la nation et de l'humanité ; les contemporains et la postérité entoureront d'éloges et de bénédictions cet honnête roi. Nous prédisons à la Grande-Bretagne, pourvu qu'elle ait le bonheur de conserver long-temps Guillaume IV, qu'elle va reprendre la suprématie sur les peuples civilisés de l'Europe : la confiance des nations pour l'Angleterre peut bien renaître sous un prince et des ministres qui ne trompent pas.

Quant à la France, les intérêts de notre patrie, nos sympathies personnelles nous font ardemment souhaiter de pouvoir dire, qu'elle occupe, dans le continent, le rang élevé que devrait lui assigner l'étendue de son territoire, son immense population et le courage de ses enfans ; mais les faits sont là pour nous démentir, dans le cas que nous voudrions l'affirmer ; et l'histoire marquera l'époque dans laquelle la France est tombée dans un tel degré d'humiliation. Un faible écho, peut-être, répétera la manière dont les émigrés français ont été reçus en Italie, et l'accueil que les proscrits italiens reçoivent du gouvernement français. Mais l'histoire inexorable dira aussi ce que l'Italie et les Italiens ont fait pour le roi des Français, et comment ils en ont été récompensés.

Post-Scriptum.

Tandis que cet opuscule était écrit, la mort de Charles-Félix de Sardaigne arrivait tout exprès comme pour donner à la France une frontière du côté de la Savoie ; de manière que si le gouvernement français parvient à ne pas mourir, on peut bien dire que c'est par des miracles et des bonheurs qu'il conserve sa vie : d'un côté, la Pologne ;

de l'autre, l'avénement au trône de Piémont du prince de Carignan. Ce prince, comme on sait, est un peu porté à donner à ses peuples des institutions dites *raisonnables*, et il ne demanderait pas mieux que de s'entendre avec la France; mais la France laissera le nouveau roi de Piémont s'arranger avec l'Autriche comme il le pourra, et aura perdu, deux fois dans neuf mois, ses frontières de ce côté-là. — C'est que ces institutions et les idées libérales, en gagnant de proche en proche, pourraient aller troubler la tranquillité du cher poupon de Naples. Eh mon Dieu! est-ce la peine de s'occuper un peu des intérêts de la France, vis-à-vis de considérations d'une aussi *haute importance!* Ces dernières quatre ou cinq lignes contiennent l'explication de la conduite du gouvernement français à l'égard de l'Italie. — Qu'on se souvienne de la lettre du général Maison, cachée pendant deux jours à M. Lafitte: et puis le brave Castelcicala n'est-il pas encore là, fêté et cajolé au Palais-Royal!

NOTES.

(*a*) Ces 24,000 onces de revenu avaient été accordées par le roi, lors du mariage du duc d'Orléans avec sa fille. Si le prince Sicilien avait voulu continuer à les leur payer, il n'avait qu'à les prélever de la liste civile; mais il n'en voulut rien faire, et en chargeant le parlement de 1812 de doter sa fille, celui-ci n'avait d'autre devoir à remplir, que celui de se conformer strictement à ce qui avait été observé de temps immémorial à cet égard. Il est si vrai que ce fut le manque absolu de moyens du prince français, qui décida le parlement de Sicile à lui accorder cinq fois autant que la dotation ordinaire des autres princesses; que, dans quelques courses que je fis moi-même, dans le but d'assurer le succès de la motion, c'était toujours la détresse financière de l'illustre émigré que j'étais chargé de mettre en avant pour persuader les récalcitrans.

(*b*) Un citoyen respectable était à cette époque à la tête du ministère français. Qu'on ne nous fasse pas le tort de nous attribuer l'idée qu'il ait été pour quelque chose dans cet horrible complot. Mais en jetant les yeux sur l'importante révélation, à propos de la Belgique, contenue dans la tribune du 4 juin, que les journaux ministériels n'ont pas osé démentir; en examinant en même temps attentivement la marche du gouvernement français, à l'égard de l'Espagne et de l'Italie; il résulte clair comme le jour qu'il y a dans ce gouvernement, comme dans la religion persane, le génie du bien, et le génie du mal; et que, dans celui-là, le dernier est toujours le plus fort. D'après ces données il est très naturel de penser que, de même qu'en Belgique, c'était le bon génie qui expédiait un courrier pour dire franchement la vérité aux Belges, et que c'était le mauvais qui faisait transmettre la dépêche télégraphique, au préfet de Lille, pour faire rétrograder ce courrier; de même, dis-je, pour les Italiens, et les Espagnols, ce fut le bon qui fit livrer l'argent et les passeports, et le mauvais qui donna par le télégraphe l'ordre de dissiper et de poursuivre ces Espagnols et ces Italiens. Il paraît résulter aussi de ces observations que quelques uns des membres du gouvernement français ont pris l'engagement formel, non seulement de trahir toutes les nations qui environnent la France, mais de donner des preuves éclatantes de ces mêmes trahisons; et tout cela pour se faire pardonner je ne sais pas quoi, et j'ignore par qui. — Pauvre histoire! qu'elle vienne maintenant nous parler des rois vaincus attachés au char du vainqueur, et des fourches caudines des Romains! — C'était de la honte : le crime n'y était pas.

(c) Les réflexions que nous venons de faire ne sont que purement générales, et ne regardent en aucune manière M. de Saint-Aulaire, que nous n'avons pas d'ailleurs l'honneur de connaître. Il n'est peut-être ici que l'instrument aveugle des ordres qu'il a reçus de son gouvernement; le mot de *roi des chrétiens*, ou *très chrétien*, employé par lui à la place de Roi des Français, n'est apparemment aussi que l'effet de ces mêmes ordres... Ah, mon Dieu! j'avais oublié que nous devions à cette *imposante* souplesse de la diplomatie française, tout le *bonheur* dont les Italiens jouissent à Rome! Il est vrai que l'on pend et que l'on fusille en même temps à Modène et en Autriche; mais tout cela ne prouve rien; c'est l'amnistie romaine qui prouve tout. Allons, brave juste milieu, parlez bien haut de la puissante protection de la France, récriez-vous surtout sur l'inconvenance des plaintes des Italiens... Sainte pudeur!

(d) Je sais bien que l'on dit qu'il n'est pas permis à un corps armé de délibérer. Nous pourrions appeler les faits à notre secours pour prouver le contraire : nous ne le ferons pas; et nous admettons même le principe dans des temps ordinaires. Mais que l'on se souvienne que la garde nationale a été improvisée dans le moment du danger; que c'est à elle que le roi des Français doit sa couronne et sa sûreté, que c'est à elle aussi que les chambres doivent leur existence, et la patrie sa tranquillité. Un célèbre auteur a dit que le droit c'est la force; nous sommes loin d'admettre un axiome tellement dangereux; mais nous demandons simplement, si la garde nationale qui sauve tout, qui protège tous les corps constitués de l'État, et cela dans le moment le plus critique, dans le moment où la société est tout-à-fait bouleversée; si la garde nationale, dis-je, avait ou non, le droit d'intervenir, en s'apercevant du mauvais usage que faisait le gouvernement de la protection qu'elle lui accordait? Voilà la question.

FIN

IMPRIMERIE DE LACHEVARDIÈRE, RUE DU COLOMBIER, N° 30.